Mit Sirtfood intuitiv abnehmen

Wie Sie die Sirtuin Diät einfach umsetzen und Schritt für Schritt Ihr Wunschgewicht erreichen – inkl. der besten Rezepte

Chiara Wübbe

INHALT

Das erwartet Sie in diesem Buch

„**N**ur wer sein Ziel kennt, findet den Weg", hieran erinnerte uns schon der chinesische Philosoph Laotse vor tausenden von Jahren. Beim Lesen dieser Zeilen mögen Sie sich nun denken, dass Ihr Ziel doch aber klar ist: abzunehmen.

Warum ist es aber dann oftmals doch so schwer, einen Weg für erfolgreiches und gesundes Abnehmen zu finden, wenn das Ziel doch klar ist.

Wir kämpfen uns durch unzählige verschiedene Diäten in ständiger Angst vor dem sagenumwobenen

Jo-Jo-Effekt, schwitzen auf dem Laufband und erzielen trotzdem nicht die gewünschten Erfolge. Schnell kommt dann die Frage nach dem Warum auf, was man anders machen kann und wieso manche Menschen leichter abnehmen als andere. Mit der Beantwortung all dieser Fragen beschäftigt sich dieses Buch.

Ein Grund, weshalb verschiedene Menschen unter gleichen Bedingungen unterschiedlich schnell ab- oder zunehmen, ist ihr Stoffwechsel. Die Ernährung mit Sirtfood hat viele positive Effekte auf den Körper und zielt besonders darauf, den Stoffwechsel anzukurbeln und hierdurch das Abnehmen zu erleichtern und zu beschleunigen.

Sirtuine gehören zu der Familie der Proteine und sind in den letzten Jahrzehnten zunehmend zum Gegenstand wissenschaftlicher Forschung geworden, wodurch sie auch als Anti-Aging-Gene bekannt wurden. Ziel einer Sirtuin-haltigen Ernährung ist ein nachhaltiger Gewichtsverlust ohne Jo-Jo-Effekt und ohne Verzicht auf bestimmte Lebensmittel, weshalb die Ernährungsform besonders leicht im Alltag umzusetzen ist.

Begeben Sie sich mit diesem Buch auf eine Reise an deren Ende Sie Ihre Traumfigur und Ihre Ernährungsziele erreichen. Lernen Sie das Wichtigste über die Funktion von Sirtuinen, ihre positiven Auswirkungen auf die menschliche Gesundheit und wie Sie die Vorteile von Sirtfood optimal für sich nutzen können.

Ernährung mit Sirtfood – Die Theorie

Zunächst werden wir uns nun mit der Theorie hinter einer langfristigen und nachhaltigen Ernährungsform mit Sirtfood beschäftigen und so die Grundlage und den ersten Baustein einer erfolgreichen Ernährungsumstellung legen, denn nur, wenn wir wissen, warum wir etwas tun, haben wir auch die Motivation, durchzuhalten und Veränderungen herbeizuführen. Also stellen wir uns zuerst der Frage, warum wir Sirtfood in unsere Ernährung integrieren sollten. Was sind Sirtuine?

WAS SIND SIRTUINE UND WIE WIRKEN SIE?

Sirtuine sind Enzyme, die zur Familie der Proteine gehören. Sie haben eine wichtige Funktion bei der Reaktion menschlicher Zellen auf Stress und Energiedefizite. Zum Abnehmen muss ein Energiedefizit, welches auch oft Kaloriendefizit genannt wird, erreicht werden. Bereits an dieser Stelle wird somit erstmals deutlich, warum Sirtuine beim Abnehmen helfen können.

Sirtuine beeinflussen Stoffwechsel- und Alterungsprozesse. Sie beinhalten bestimmte Stoffe, die als Elektronenakzeptor agieren und verschiedene Enzymaktivitäten ermöglichen, wodurch die Tätigkeit bestimmter Gene reguliert wird. Mitochondrialen Sirtuinen kommt dabei die Aufgabe der Regulation von Stoffwechselwegen zu.

Der Stoffwechsel bezeichnet die im Körper stattfindende chemische Transformation von Stoffen. Eine dieser Transformationen ist zum Beispiel die unserer aufgenommenen Nahrung in Energie.

Der Stoffwechsel ist konstituierend für die Energiegewinnung des Körpers zum Betreiben seiner Funktionen und den Abbau und Aufbau von

Körpermasse. Enzyme wie Sirtuine regulieren den Stoffwechsel, weshalb Leute mit einer hohen Enzymaktivität einen beschleunigten Stoffwechsel haben und daher auch leichter abnehmen – bei entsprechender Reizsetzung.

Aber nicht nur beim Energiestoffwechsel spielen Sirtuine eine wichtige Rolle. Ein weiterer ihrer Vorzüge ist ihr Einfluss auf den Alterungsprozess. Im Laufe des Alterungsprozesses entstehen zunehmend Schäden an der DNA, dem Sirtuin SIRT1 kommt die Aufgabe der DNA-Reparatur zu, bei welcher SIRT1 im Falle von Schädigungen die Reparatur von Doppelstrangbrüchen fördert.

SIRT4 beeinflusst die Wirkung von Insulin und den Fettstoffwechsel und beschleunigt so die Fettverbrennung, zudem soll die Aktivität der Muskeln angeregt werden.

SIRT7 dagegen nimmt eine Funktion bei der Zellteilung und Proteinsynthese ein, deshalb wird diesem Sirtuin eine Tumorbildung-hemmende Wirkung nachgesagt, die Studienlage ist hierzu jedoch noch nicht ausreichend gesichert.

Zudem regt Sirtuin die Autophagozytose an. Die Autophagozytose ist als Prozess für den Abbau alter Zellbauteile erforderlich und an der Verwertung von

Proteinen und Lipiden beteiligt. Vereinfacht gesehen, beschleunigt die Autophagozytose somit auch unseren Stoffwechsel und fördert das Abnehmen.

Man könnte Autophagozytose, auch genannt Autophagie, als eine Art Müllabtransport der Zellen beschreiben. Die alten Zellteile werden abtransportiert und es wird Platz für die neuen „jungen" Zellbauteile geschaffen.

Die Autophagozytose wird sowohl durch unser Enzym Sirtuin als auch durch Fasten angeregt. Aus diesem Grund birgt Intervallfasten auch viele Vorteile, es beruht auf dem gleichen Prinzip, den Müllabtransport der Zellen zu fördern.

Sirtuine werden also tätig bei Einnahmepausen von Nahrung, dem sogenannten Fasten oder einem niedrigen Insulinspiegel. Wissenschaftliche Studien, wie die von Dr. David Sinclair, zeigen jedoch, dass es auch gewissen Pflanzenstoffen möglich ist, Sirtuine zu aktivieren und genau diese Stoffe werden bei einer Ernährung mit Sirtfood genutzt.

Alles in allem sind Sirtuine wahre Wundermittel für die Anregung des Stoffwechsels und der Verlangsamung des Alterungsprozesses. Wir können mit einer vermehrten Aufnahme von Sirtuin den Stoffwechsel des Körpers anregen und auf natürliche

Weise den Gewichtsverlust beschleunigen. Auch, wenn wir den Alterungsprozess nie aufhalten werden können, besteht doch eine Möglichkeit durch eine Sirtuin-haltige Ernährung frühzeitig einsetzende Altersleiden ein wenig hinauszuzögern.

ZIEL DER ERNÄHRUNGSUMSTELLUNG

„Es interessiert niemanden, was du gestern getan hast. Was hast du heute getan, um dich zu verbessern?" – David Goggins

Nachdem wir nun einen näheren Einblick in die Funktion von Sirtuin gewonnen haben, kommen wir jetzt auf unsere Ziele zurück. Warum sollten Sie Ihre Ernährungsform auf eine Sirtuin-haltige Ernährung umstellen und warum ist die Sirtuin-Diät genau die richtige Diät für Sie?

Im Titel dieses Unterkapitels habe ich bewusst den Begriff Ernährungsumstellung gewählt, da die Verwendung des Begriffs Diät oftmals missinterpretiert wird.

Ursprünglich meint der Begriff Diät eigentlich eine Ernährungs- und Lebensweise, umgangssprachlich versteht man unter einer Diät heutzutage jedoch eine auf einen bestimmten Zeitraum begrenzte Reduktionsdiät zur Gewichtsabnahme.

Um langfristig und nachhaltig Erfolge verzeichnen zu können und unsere Ziele zu erreichen, müssen wir jedoch auch langfristig denken.

Wir wachen nicht eines Morgens auf und werden auf einmal der Schmetterling, der wir schon immer sein wollten. Wer vier Wochen eine Diät durchzieht und danach wieder in alte Muster verfällt, kann nicht erwarten, für immer das Erscheinungsbild zu haben wie nach diesen vier Wochen.

Unser Ziel ist es, unsere Sirtuin-reiche Ernährung zu einer Gewohnheit zu machen, denn nur, wenn sie eine Gewohnheit wird, werden wir dauerhaft unsere Traumfigur halten und den sogenannten Jo-Jo-Effekt umgehen.

Wir Menschen leben in Gewohnheiten, jeder hat unterschiedliche Gewohnheiten, aber bei jedem sind sie vorhanden. Sei es nun, dass wir uns morgens immer zuerst die rechte Socke und dann erst die Linke anziehen, immer zu der gleichen Uhrzeit aufstehen oder ob der Kaffeebecher immer links neben der Wasserflasche stehen muss. Wir fühlen uns wohl in Gewohnheiten und es fällt uns viel leichter, Dinge zu tun, die zu unseren Gewohnheiten zählen, als sich neuen Aufgaben zu stellen; wir zweifeln an diesen neuen Sachen und geben sie manchmal sogar schnell wieder auf.

Unser Ziel ist es, aber Erfolg auf Dauer zu haben, und genau deshalb werden wir diese Ernährung zu unserer Gewohnheit machen, damit sie uns leichtfällt und nachhaltig Erfolge bringt.

An dieser Stelle möchte ich einmal deutlich erwähnen, dass Ziele einer Diät unterschiedlich sein können. Es muss nicht immer darum gehen, diese extra fünf Kilo, die man sich über die Feiertage langsam, aber sicher angelegt hat, schnellstens wieder herunterzubekommen. Genau um diese fünf Kilo soll es gerade nicht gehen, wir wollen ja langfristig denken und unseren Traumkörper erreichen und behalten.

Besonders mit der Sirtfood-Diät kann man so viel mehr erreichen, als nur ein paar Kilo zu verlieren. Aus diesem Grund ist es wichtig, nun einen noch genaueren Blick auf die Ziele einer Ernährungs-umstellung zu werfen.

Ich stelle die Behauptung auf, dass wir wohl alle von einem langen, gesunden Leben mit viel Wohlbefinden träumen. Das dieses, trotz bester Diät, nicht jeder Mensch erreichen kann, versteht sich natürlich von selbst. Aber diese Behauptung kann uns helfen, unsere Ziele näher zu definieren. Im Grunde genommen, geht es uns nämlich um Lebensqualität.

Wir wollen unser Leben möglichst lange und mit möglichst hoher Lebensqualität führen können. Hierzu gehört an vorderster Stelle ein gesunder Körper, der im besten Fall natürlich auch die Figur hat, die wir uns wünschen.

Wir wollen uns fit fühlen, leistungsfähig sein und unseren Körper formen. Kurz gesagt, wir wollen uns gesund fühlen und gesund sein, ohne uns eingeschränkt zu fühlen.

Wenn es Ihnen genauso geht und diese Ihre Ziele sind, dann ist die Ernährung mit Sirtfood genau das Richtige für Sie. Grundsätzliche sind keine Lebensmittel gänzlich verboten, Sie müssen also nicht als Erstes die Hälfte Ihres Kühlschranks in den Müll verbannen. Die Sirtfood-Diät baut nicht auf Verzicht auf. Hauptbestandteil der Ernährung sollten jedoch Lebensmittel mit viel Sirtuin sein, daneben sind aber auch alle anderen Lebensmittel zulässig.

Besonders gut für langfristiges Abnehmen ohne Jo-Jo-Effekt und das Behalten des Wunschkörpers ist die Sirtfood Diät geeignet, weil sie auf eine proteinhaltige Ernährung setzt. Wie wir im ersten Unterkapitel gelernt haben, gehören Sirtuine nämlich zur Familie der Proteine. Proteine sorgen für Muskelaufbau bei gleichzeitiger sportlicher Reizsetzung. Gleichzeitig bietet eine ausreichende Versorgung mit Protein einen Muskelschutz, wenn wir Abnehmen, und sorgt dafür, dass unsere Muskeln auch während einer Diät größtenteils erhalten bleiben.

Dieses Ziel des Muskelerhalts oder vielleicht sogar des Muskelaufbaus ist grundlegend wichtig, damit wir einen gesunden und schönen Körper erreichen. Unser Ziel ist es, den Körper zu straffen und zu formen, und dafür müssen wir überschüssiges Fett abbauen und Muskeln, die unsere Figur formen, erhalten.

Zudem besitzen Proteine eine sättigende Eigenschaft, weshalb Sie nicht für Ihren Traumkörper hungern werden müssen, sondern schonend und auf natürliche Weise abnehmen.

Mit der Sirtfood-Diät beschleunigen wir unseren Stoffwechsel, welches uns ermöglicht, schneller ein Energiedefizit zu schaffen und somit leichter abzunehmen, ohne zu hungern. Gleichzeitig nehmen wir positiven Einfluss auf den Alterungsprozess und sorgen zudem für einen effektiven Muskelschutz.

Wenn Ihr Ziel also ein gesunder und schlanker Körper bei hoher Lebensqualität ist, dann ist eine Sirtuin-reiche Ernährung genau die Diät, die Sie versuchen sollten. Im folgenden Teil dieses Buches verrate ich Ihnen, wie Sie die Motivation aufbringen, Ihre Ernährung umzustellen, was Sie beachten müssen, um langfristig Spaß und Erfolg mit Ihrer Ernährung zu haben und wie Sie sie zum Teil Ihres Alltags machen.

Denn wie wir bereits wissen, erreichen wir unsere Ziele nur, wenn wir Gewohnheiten schaffen. Ich will ehrlich zu Ihnen sein, die Reise mit dem Namen „Abnehmen" ist meistens gezeichnet von Höhen und Tiefen und Motivation kommt und geht, aber wenn wir es schaffen, eine Gewohnheit zu entwickeln, werden wir alle diese Höhen und Tiefen überstehen.

Also begeben Sie sich auf diese Reise und lassen Sie sich nicht von den Tiefschlägen vergangener Diäten entmutigen, denn ab jetzt zählt nur noch, was Sie heute tun, um jeden Tag Ihrem gesunden und schlanken Selbst ein Stück näherzukommen. Jeder Tag ist eine neue Chance, das zu erreichen, was Sie wirklich wollen, und nach diesem Kapitel kennen Sie Ihre Ziele nun sehr genau.

Tipps: Schreiben Sie Ihre Ziele auf. Etwas zu verschriftlichen, hilft uns dabei, konsequent unser Ziel vor Augen zu behalten und disziplinierter zu sein.

Formulieren Sie Ihre Ziele konkret. Ein einfaches abstraktes „Abnehmen" wird Ihnen nicht viel helfen. Wie viel wollen Sie abnehmen und welche Zeit planen Sie sich dafür ein?

Wichtig ist, dass Sie sich hierbei realistische Ziele setzen, sonst werden Sie am Ende nur frustriert werden.

SO GELINGT DAS ABNEHMEN

Sie denken sich möglicherweise, dass Sirtfood nur eine weitere Diät ist, die müheloses, leichtes Abnehmen verspricht, und es Ihnen nicht reicht, ein oder zwei Kilo abzunehmen. Auch, wenn Sie mehr Abnehmen wollen oder größere Ziele haben, kann Ihnen diese Ernährung helfen.

Alles, was Sie brauchen, ist ein Plan, Disziplin, Durchhaltevermögen und die nötige Motivation, wirklich etwas verändern und an sich arbeiten zu wollen. All dieses werde ich Ihnen im Laufe dieses Buches an die Hand geben, um sicherzustellen, dass diese Diät nicht nur das Blaue vom Himmel verspricht, sondern Sie auch wirklich zum Erfolg leitet. Auch bei großen Abnahmezielen bleibt es dabei, dass Sie nicht komplett verzichten müssen. Verzicht führt zu Frustration und zu Rückschlägen, die wir grundsätzlich vermeiden wollen.

Wie starten wir nun aber unsere Diät? Am Anfang eines jeden Vorhabens stehen eine Zielsetzung und ein Plan.

Unsere Ziele haben wir bereits im Vorfeld genau definiert, falls Sie sich noch keine genauen Ziele gesetzt haben, sollten Sie das spätestens an dieser Stelle nachholen. Setzen Sie sich ein realistisches Ziel.

Tipp: Als grober Richtwert einer realistischen Gewichtsabnahme können 0,5 kg pro Woche eingeplant werden.

Als Nächstes sollten Sie einen Plan aufstellen, wie Sie Ihr Ziel erreichen wollen. Dieser Plan kann nicht für jeden Menschen identisch sein, da jeder andere, persönliche Gegebenheiten vorliegen hat. Werfen Sie also zunächst einen genaueren Blick auf Ihren Alltag: Damit eine Diät erfolgreich sein kann, muss sie in den Alltag integriert werden. Die Vorgabe „Machen Sie viermal die Woche Sport" hilft Ihnen nicht, wenn Sie im Alltag schon so ausgelastet sind, dass Sie den Sport zeitlich nicht mehr unterkriegen würden.

An dieser Stelle ist nach Ihren Zielen zu unterscheiden. Möchten Sie nur Ihren Stoffwechsel ankurbeln, sich gesünder ernähren und ein oder vielleicht auch zwei Kilo abnehmen? Dann reicht es vollkommen aus, wenn Sie sich darauf konzentrieren, Sirtfood zu einem größeren Bestandteil Ihrer Ernährung zu machen.

Wenn Ihre Abnahmeziele jedoch diese wenigen Kilos überschreiten, müssen Sie, ganz nach dem Motto „ohne Fleiß, keinen Preis", ein bisschen mehr Arbeit investieren. Aber keine Sorge, Sie werden Gewohnheiten entwickeln und es wird Ihnen zu leichter fallen. Sinn dieser Ernährungsumstellung ist es insbesondere, dass sie besonders alltagstauglich ist und Sie sich nicht monatelang durch ein bestimmtes Programm quälen müssen.

Das A und O, wenn es um die Gewichtsreduktion geht, ist es, ein Kaloriendefizit zu erreichen, und das wird Ihnen nicht allein durch die Ernährung mit Sirtfood gelingen. Sirtfood an sich sind pflanzliche Nahrungsmittel und deshalb größtenteils sehr kalorienarm, wenn Sie Sirtfood also zum Hauptbestandteil Ihrer Ernährung machen, legen Sie damit schon einmal einen guten Grundbaustein, Sie sollten aber trotzdem noch einmal einen Blick auf Ihre

Ausgangslage werfen. Als Grundregel für eine stetige Gewichtsabnahme mit dem Ziel, bis zu 0,5 kg die Woche abzunehmen, empfiehlt sich ein mittleres Kaloriendefizit von bis zu 500 kcal pro Tag. Um dieses erreichen zu können, sollten Sie sich erst einmal bewusst werden, wie viele Kalorien Sie am Tag dafür zu sich nehmen sollten, um Ihren Energiebedarf zu decken, ihn aber nicht zu übersteigen.

Der tägliche Energiebedarf wird anhand von Leistungsumsatz und Grundumsatz ermittelt. Hierbei wird der Grundumsatz als täglicher Energieverbrauch ohne jeglichen Energieverbrauch durch Bewegung definiert. Der Leistungsumsatz ist der Energiebedarf unter Berücksichtigung des Energieverbrauchs durch Aktivitäten.

Tipp: Der Grundumsatz kann anhand folgender Formel berechnet werden:

(Männer) Grundumsatz=
Körpergewicht in kg × 24 × 1,0
(Frauen) Grundumsatz=
Körpergewicht in kg × 24 × 0,9

Ihr Leistungsumsatz ist dagegen individueller, schauen Sie, wie viel Sie sich im Alltag bewegen, ob Sie körperlich arbeiten und schätzen Sie, wie viel Energie Sie dabei verbrennen. Alternativ können Sie Ihren Leistungsumsatz auch grob mit einem Kalorienbedarfsrechner im Internet oder genauer von einem Arzt berechnen lassen.

Grundsätzlich gilt aber: Hören Sie auf Ihren Körper. Wenn Ihren Berechnungen oder Schätzungen zufolge Ihr Bedarf bei 2000 kcal liegt, dann versuchen Sie zum Abnehmen, täglich auf 1500 bis 1800 kcal zu kommen, wenn Sie nach zwei Wochen keine Erfolge verzeichnen, passen Sie Ihre Kalorien wieder etwas nach unten an.

Wichtig zu beachten ist nur, dass man niemals über ein Defizit von 500 kcal am Tag gehen sollte. Wenn Sie zu wenig Energie aufnehmen, wird Ihr Körper in eine Art Notbetrieb schalten und viel langsamer abnehmen, als es eigentlich möglich wäre, also lassen Sie es lieber ein bisschen ruhiger angehen, anstatt zu schnell zu viel zu wollen.

Schauen Sie nun einmal ganz genau auf Ihre Ernährung und seien Sie dabei ehrlich zu sich: Fällt es Ihnen vielleicht schwer, einzuschätzen, wie viele Kalorien pro Tag Sie zu sich nehmen? Es ist wichtig, ein Gefühl dafür zu bekommen, welche Lebensmittel kalorienarm und welche kalorienreich sind. Zudem sind Portionsgrößen versteckte Fallen. Nehmen wir einmal das Beispiel Olivenöl. Schnell einmal erwischt man sich dabei, zwei Esslöffel Olivenöl in die Pfanne zu geben, bevor wir unser Gemüse anbraten. Und Olivenöl ist doch gut, oder? Es enthält wertvolle Fette. Diese Aussage stimmt im Grunde auch, es ist absolut nicht falsch Olivenöl, zu verwenden. Wir müssen uns nur bewusst sein, dass wir auch diese versteckten Kalorien, die man oft übersieht, in unsere Berechnung einbeziehen. Zwei Esslöffel Olivenöl sind mehr als 200 Kalorien und entscheiden am Ende des Tages somit unter Umständen darüber, ob wir uns im Kaloriendefizit befinden oder nicht.

Um ein gutes Gefühl für die Energie, die in Nahrung steckt, und Portionsgrößen zu entwickeln, empfiehlt es sich, eine Woche lang den Kalorienverbrauch nachzuvollziehen. Seien Sie dabei genau, rechnen Sie auch so etwas wie Öl oder Softdrinks ein und verschaffen Sie sich einen Überblick. Dabei werden Sie über das Abwiegen der Nahrungsmittel nicht herumkommen, aber machen Sie sich keine Sorgen, Sie müssen jetzt nicht für immer Ihre gesamte Nahrung wiegen. Ein oder zwei Wochen genügen vollkommen; Sie werden ein gutes Gefühl bekommen, intuitiv und bewusster Nahrung aufnehmen können und am Ende des Tages wissen, ob Sie über Ihrem Kalorienbedarf liegen oder darunter.

Tipp: Es gibt verschiedene (auch kostenlose) Apps, mit denen man sehr einfach die täglichen Kalorien tracken kann, Papier und Stift und ein bisschen Rechnen tun es zur Not aber auch.

Je nachdem, was für Sie in Ihrem Alltag realisierbar ist, gibt es nun verschiedene Wege, ein Energiedefizit am Tag zu schaffen. Entweder bleiben Sie mit der Nahrungsaufnahme unter Ihrem Leistungsumsatz oder Sie essen Ihrem Leistungsumsatz entsprechend und verbrennen zusätzlich durch viel Bewegung oder Sport die Kalorien Ihres Defizits. Im besten Fall wählen Sie eine Mischung aus beidem, da es vielen schwerfallen dürfte. 500 kcal mit einem Work-out jeden Tag zu verbrennen.

Beim nachhaltigen Abnehmen gilt, wie in vielen Bereichen des Lebens: Vertrauen ist gut, aber Kontrolle ist besser. Seien Sie ehrlich mit sich selbst und kontrollieren Sie sich. Es geht nicht darum, hart mit sich selbst ins Gericht zu gehen, aber um wirklich

Erfolge zu sehen, müssen wir auch unsere Fehler reflektieren und schnell Anpassungen treffen können.

Tipp: Wiegen Sie sich einmal pro Woche, am besten jeden Montagmorgen auf nüchternem Magen, so können Sie den Weg, den Sie eingeschlagen haben, überprüfen.

Haben Sie nicht abgenommen in der Woche? Dann reflektieren Sie die Gründe, haben Sie zu viele Kalorien zu sich genommen oder ist Ihr Kaloriendefizit zu gering – vielleicht nicht vorhanden? Dann passen Sie Ihr Kalorienziel nach unten an oder bewegen Sie sich mehr.

Tipp: Versuchen Sie, auf 10.000 Schritte pro Tag zu kommen. Bewegung ist gut für Körper und Geist. Spazieren zu gehen, verbrennt nicht nur Kalorien, sondern regt auch die Darmaktivität an und hält den ganzen Körper auf Trab.

Mit dem richtigen Kaloriendefizit und gutem Durchhaltevermögen klappt das Abnehmen auf jeden Fall. Am Ende dieses Kapitels wollen wir unser Augenmerk noch einmal auf den sagenumwobenen Jo-Jo-Effekt legen. Wie bereits erwähnt, müssen eine

Ernährungsumstellung und eine Gewichtsabnahme alltagstauglich sein, um langfristig zu funktionieren, wir dürfen uns also nichts verbieten. Verzicht führt nur dazu, dass wir die Lebensmittel, die wir uns verbieten, noch mehr wollen und dann am Ende ein schlechtes Gewissen haben, wenn wir doch einmal naschen.

Diese Prozesse wollen wir jedoch vermeiden. Wir wollen eine gesunde Beziehung zu essen haben und ohne schlechtes Gewissen essen.

Verzicht wird uns dazu bringen, dass unsere Gedanken ständig von den Sachen beherrscht werden, welche wir uns verbieten, und wir am Ende nicht mehr willensstark sind, weiter zu verzichten. Die Folge? Wir werden ungezügelt und unkontrolliert auf diese Sachen zurückgreifen und in unserer Diät zurückgeworfen werden, weil wir uns irgendwann auch mal etwas gönnen wollen. Dieses nennt man den Jo-Jo-Effekt.

Aber so schwer müssen wir es uns überhaupt nicht machen. Wir wollen uns ohne Verzicht ernähren, aber trotzdem gesund abnehmen.

Sie wollen am Wochenende bei einem guten Film eine Schale Chips oder etwas Schokolade essen oder beim Italiener Ihre Lieblingspizza bestellen? Dann tun Sie das ohne schlechtes Gewissen, sie müssen nur darauf achten, dass Sie am Ende Ihres Tages trotzdem Ihren Kalorienbedarf nicht überschreiten. Wenn Sie abends die Pizza essen, achten Sie also darauf, dass Ihr Frühstück und Mittagessen eher kalorienarm ausfallen oder gehen Sie vielleicht noch eine Runde zusätzlich spazieren. Dann können Sie absolut alles essen, was sie wollen.

Es gilt das Sprichwort: Die Dosis macht das Gift. Nur, weil sie einmal am Tag genascht haben, ist nicht der ganze Tag verloren. Achten Sie dann umso mehr auf eine gesunde Ernährung den restlichen Tag über. Bleiben Sie dran und geben Sie nicht auf – so gelingt das Abnehmen.

Wenn Sie sich also ein Ziel setzen, einen Plan verfolgen, sich immer wieder selbst kontrollieren und Ihre Fehler reflektieren, wird Ihnen das Abnehmen sicher gelingen.

Aber machen wir uns nichts vor, es wird trotzdem auch Tage geben, an denen wir nicht motiviert sind, uns genügend zu bewegen, an denen wir doch mal mehr naschen, als wir eigentlich wollten, oder an denen uns eben einfach das Leben dazwischenkommt.

Lernen Sie, mit diesen Tagen umzugehen und sich nicht demotivieren zu lassen. Hierfür können Sie sich verschiedene Lösungsstrategien überlegen. Haben Sie eine Heißhungerattacke oder das Gefühl, sich noch nicht genug „gegönnt" zu haben, und sind Sie der Meinung, Sie brauchen jetzt unbedingt die ganze Tüte Chips und abends dann auch noch die Pizza und Eis? Versuchen Sie, diese Stimmungen zu überdenken.

Tipp: Trinken Sie genug. Als Richtwert können 2 Liter am Tag dienen, bei viel Bewegung und Sport oder hohen Temperaturen aber auch mal mehr.

Fragen Sie sich an solchen Tagen, ob Ihr Körper gerade wirklich diese Nahrung braucht oder ob Sie aus einer emotionalen Stimmung heraus essen wollen. Wenn Letzteres zutrifft, machen Sie sich klar, dass Ihrem Körper die zusätzliche Zufuhr von Zucker, Fett und Salz nicht wirklich guttut. Was unser Körper wirklich braucht, um zu funktionieren, sind gesunde Vitamine. Ich werde Ihnen jetzt sicher nicht sagen, Sie sollen sich lieber einen Apfel schnappen, wenn Sie Schokolade wollen. Wir wissen doch alle, dass es so einfach nicht funktioniert. Wir brauchen also andere Lösungsstrategien.

Wenn Sie das Gefühl haben, sich etwas gönnen zu wollen, belohnen Sie sich mit etwas anderem, das für Sie funktioniert. Das können individuell sehr unterschiedliche Sachen sein. Nehmen Sie zum Beispiel ein langes Bad bei Kerzenschein, lesen Sie ein gutes Buch, streichen Sie etwas von Ihrer To-do-Liste, machen Sie einen langen Spaziergang und vieles mehr. Überlegen Sie, was Ihnen immer Spaß macht und wonach Sie sich immer besser fühlen.

Gegen Heißhungerattacken können auch verschiedene Tees helfen, probieren Sie einmal einen Ingwer-Zitronen-Tee mit ein bisschen Zimt. Koffein kann auch gegen Heißhunger helfen, greifen Sie dann aber zu einem schwarzen Kaffee ohne Zucker, da mit Zucker im Kaffee ansonsten der Blutzuckerspiegel schnell in die Höhe schießen und beim Abflachen wieder Hunger hervorrufen wird.

Tipp: Als Geheimtipp probieren Sie es mit Gewürz-gurken gegen Heißhungerattacken.

Wichtig ist dabei nur, dass Sie etwas für sich finden, dass Sie auch mögen. Wenn Sie sich den Kaffee aufzwingen, obwohl Sie sonst keinen Kaffee mögen, wird Ihnen das nicht viel helfen. Probieren Sie sich deshalb mal durch die verschiedenen Tipps und finden Sie für sich heraus, was Ihnen hilft und was Ihnen guttut. Auch an dieser Stelle gilt: Hören Sie auf Ihren

Körper, lernen Sie ihn und seine Bedürfnisse kennen.

So, nun haben wir die Grundidee für den Weg unserer erfolgreichen Gewichtsreduktion gelegt, wir kennen unser Ziel, wissen, welches Kaloriendefizit wir an den Tag legen müssen, um es zu erreichen, und haben uns ein Datum gesetzt, an dem wir wieder in unsere Lieblingsjeans passen werden. Zudem haben wir uns damit abgefunden, dass wir Rückschläge haben werden, aber wir wissen, dass wir uns davon nicht demotivieren lassen und unser Ziel nicht aus den Augen verlieren werden. Darüber hinaus haben wir für uns Lösungsstrategien entwickelt, wenn doch mal alle Stricke reißen, um unsere alten Muster mit neuen Gewohnheiten zu ersetzen und wieder zurück zu unserem Weg zu finden.

So weit, so gut, jetzt schauen wir nun darauf, wie wir uns unseren Weg noch einfacher gestalten, indem wir mit Sirtfood unseren Stoffwechsel ankurbeln und erstellen zu dem unseren eigenen Abnehmguide.

Kurz um, wir setzen unsere erarbeitete Theorie in die Praxis um! Machen Sie sich bereit, denn Ihrer Traumfigur steht nun nichts mehr im Weg.

Sirtfood im Alltag – Die Praxis

„Es ist nicht genug zu wissen, man muss es auch anwenden; es ist nicht genug zu wollen, man muss es auch tun." – Johann Wolfgang von Goethe

Wir widmen uns nun dem zweiten Teil unserer Reise zur Traumfigur. Im Rahmen dieser Reise unterstützt dieses Buch Sie dabei, sich einen Ernährungsplan zu erstellen, und gibt Ihnen den perfekten Abnehmguide sowie die nötige Motivation mit auf dem Weg. Es reicht nicht, die Theorie zu beherrschen und zu wissen, wie man richtig und gesund abnimmt. Dieses Wissen ist zwar wichtig und elementar, aber ohne die Umsetzung in der Praxis wird Ihnen kein Wissen der Welt Ihre Traumfigur zaubern.

Diäten oder Ernährungsratgeber erfinden das Rad nicht neu. Alles, was wir tun, basiert auf dem gleichen Prinzip. Im Englischen wird es mit dem Sprichwort „where mind goes, energy flows" umschrieben. Wohin wir unsere Gedanken steuern und worauf wir uns wirklich konzentrieren, da wird auch unsere Energie hingehen. Wir müssen Arbeit investieren, um erfolgreich zu sein. Dafür brauchen wir mentale Stärke und Durchhaltevermögen.

Ich bin ehrlich zu Ihnen, Sie werden auch mit Sirtfood und einem perfekten Stoffwechsel nicht 10 kg in einer Woche verlieren, aber Sie können 10 kg über den Frühling verlieren und im Sommer Ihr Wunschgewicht haben. Natürlich ist es schwerer und anstrengender, über Monate motiviert zu sein, und genau an dem Punkt müssen wir unsere mentale Stärke trainieren, denn wer nach zwei Wochen wieder aufgibt, wird nichts erreichen.

Sind Sie nicht neugierig herauszufinden, was Sie erreichen können, wenn Sie es wirklich wollen? Alles, was Ihnen im Weg steht, sofern Sie keine gesundheitlichen Einschränkungen haben, ist Ihr

Mindset. Es ist bequemer, den einfachen Weg zu wählen, aber wir wollen unsere Ziele erreichen. Wählen Sie also nicht den einfachen und bequemen Weg, sondern stellen Sie sich der Herausforderung.

Nach dem letzten Kapitel wissen Sie nun, wie Sie abnehmen können. Sie haben den richtigen Weg für sich herausgefunden, Sie müssen es nur noch tun, also lassen Sie sich nicht von einem inneren Schweinehund davon ablenken. Oftmals suchen wir Ausreden für Dinge, um die wir uns drücken wollen, weil sie für uns neu und unbequem sind. Diese Dinge liegen außerhalb unserer Gewohnheiten und es erfordert Mut und Arbeit, diese Gewohnheiten neu zu definieren, aber genau das werden wir jetzt machen.

DIE SIRTFOOD-DIÄT VON GOGGINS UND MATTEN

Die Sirtfood-Diät wurde ursprünglich von den Ernährungsmedizinern Aidan Goggins und Glen Matten entwickelt. Berühmt wurde die Diät durch den enormen Abnehmerfolg der Sängerin Adele.

Die Sirtfood-Diät von Goggins und Matten wird in drei Phasen unterteilt, bei denen jeweils unterschiedliche Aspekte Berücksichtigung finden.

Die <u>erste Phase</u> erstreckt sich über die ersten drei Tage der Diät. In diesen drei Tagen soll der Stoffwechsel erstmals angekurbelt und der Körper entgiftet werden, wobei die tägliche Kalorienzufuhr reduziert wird und nur 1.000 kcal pro Tag umfasst. Erlaubt ist eine feste Sirtuin-haltige Hauptmahlzeit und drei grüne Smoothies oder Säfte aus Sirtuin-Food pro Tag.

In der <u>zweiten Phasen</u> der Diät, welche lückenlos an die erste Phase anknüpft, werden vier Tage lang täglich 1.500 kcal zu sich genommen. Die Ernährung besteht nun jedoch aus zwei festen Sirtuin-haltigen Mahlzeiten und zwei Säften oder Smoothies. In dieser zweiten Phase soll die Fettverbrennung gefördert und der Energieumsatz erhöht werden.

Am achten Tag der Diät wird man nun in die <u>dritte Phase</u> eintreten, die bis zum Erreichen des Wunschgewichts andauert. Die täglichen Kalorien betragen 1.800 kcal, wobei die Ernährung aus drei festen Mahlzeiten mit Sirtfood besteht, vermehrt dürfen aber auch Fette und Proteine zu sich genommen werden. Ziel dieser Abschlussphase ist es, Sirtfood nachhaltig in die Ernährung zu integrieren und den

Stoffwechsel zu festigen sowie die bis dahin erreichte Figur zu sichern.

Auf den ersten Blick erscheinen diese Diät-Vorgaben sehr einfach, aber wenn Sie dieser Diät folgen wollen, hinterfragen Sie sie auch einmal kritisch. Aus diesem Grund ist dem Praxisteil des Buches der Theorieteil vorgeschaltet.

Wenn eine Person mit einem Leistungsumsatz von 1.600 kcal nur 1.500 kcal durch ihre Nahrung aufnimmt, wird sie automatisch abnehmen, auch ohne Sirtfood zu essen. Wie wir zuvor nämlich gelernt haben, ist grundsätzlich das Energiedefizit entscheidend, ob wir abnehmen oder eventuell sogar zunehmen. Die Ankurbelung des Stoffwechsels ist lediglich die Spitze des Eisbergs. Zusammenfassend kann Sirtfood das Abnehmen also beschleunigen und auch ein wenig vereinfachen, ohne Energiedefizit hilft aber auch das ganze Sirtfood dieser Welt nicht dabei, abzunehmen.

Werfen wir einen kritischen Blick auf die dritte Phase der Diät, bei welcher der Kalorienbedarf 1.800 kcal umfassen soll. Eine kleine Person mit mäßig bis weniger Aktivität im Alltag wird unter Umständen jedoch einen Leistungsumsatz von nur 1.400 kcal haben. Trotz Integration von Sirtfood im Alltag wird sie somit daher nicht abnehmen können.

An dieser Stelle empfehle ich Ihnen, die Diät nur als Orientierung zu nehmen und besonders die zweite und dritte Phase im Hinblick auf die Kalorien an Ihre individuellen Bedürfnisse anzupassen. Integrieren Sie Sirtfood auf jeden Fall viel in Ihre Ernährung, aber gestalten Sie sich Ihre Ernährungsumstellung so, dass sie in Ihren Alltag passt und gut umsetzbar für Sie ist.

Aus diesem Grund werde ich Ihnen im Folgenden einen Abnehmguide vorstellen, mit welchem Sie Ihre eigene perfekte Diät für sich finden.

LEBENSMITTEL MIT VIELEN SIRTUINEN

Wir haben gelernt, woraus Sirtuine bestehen, welche Vorteile und Funktionen sie haben und dass wir sie zum Hauptbestandteil unserer Ernährung machen sollen, aber die wichtigste Frage wird nun an dieser Stelle beantwortet: Die Frage nach den Lebensmitteln, die besonders Sirtuin-haltig sind.

Besonders Obst und Gemüse enthalten viel Sirtuin; die nachfolgenden Lebensmittel, sind aber nicht nur Sirtfoods, sondern haben auch zahlreiche andere Vorzüge, weshalb Sie sie unbedingt in Ihre Ernährung aufnehmen sollten.

Im Folgenden sind die gängigsten Sirtfoods für Sie aufgelistet:

Obst und Gemüse

· Äpfel ⟶ Äpfel sind kalorienarm (auf 100 g nur 61 kcal), zudem enthalten sie auch noch viel Vitamin E und C und stärken somit unser Immunsystem.

· Aubergine ⟶ Auch Auberginen sind kalorienarm mit 35 kcal auf 100 Gramm und haben positive Auswirkungen auf die Funktion von Leber und Bauchspeicheldrüse. Sie helfen unserem Körper somit bei der Entgiftung und besitzen außerdem viel Vitamin A, B und C und viele wichtige Mineralstoffe wie Kalzium und Magnesium, Kalium, Zink und vieles mehr.

· Artischocken ⟶ Artischocken besitzen nur 22 kcal auf 100 Gramm und sind nicht nur Sirtuin-haltig, sondern können auch den Cholesterinspiegel senken und die Verdauung anregen. Sie helfen somit, Völlegefühl und Blähungen zu reduzieren.

• Brokkoli → Brokkoli ist ein wahres Superfood, auf welches Sie in Ihrer Ernährung nicht verzichten sollten. Er ist reich an Vitaminen, Mineralstoffen und Antioxidantien. Brokkoli kann das Herz stärken, mit seiner Reichhaltigkeit von Vitamin C und E zudem das Hautbild verbessern, das Immunsystem stärken und entzündungshemmend wirken. Mit nur 43 kcal auf 100 Gramm ist Brokkoli zudem auch sehr kalorienarm, besitzt aber trotzdem 4 Gramm Proteingehalt auf 100 Gramm und eignet sich somit auch perfekt für den Muskelaufbau.

• Grünkohl → Ebenso wie Brokkoli ist Grünkohl kalorienarm mit 37 kcal auf 100 Gramm und reich an Antioxidantien, welchen eine vorbeugende Wirkung gegen Krebs zugeschrieben wird. Zudem gehört ein ähnlicher Proteingehalt wie der von Brokkoli zu seinen Eigenschaften. Grünkohl enthält unter anderem Vitamin C, E und K und zählt zu den vitaminreichsten Sorten an Gemüse.

• Erdbeeren → Die Erdbeersaison beginnt in Deutschland ab Mai. Erdbeeren sind aufgrund ihres süßen Geschmacks leicht in unsere Ernährung zu integrieren und lassen sich vielfältig in Rezepte einbinden, sie sind zugleich aber auch einfach unverarbeitet sehr wohlschmeckend. 100 Gramm Erdbeeren enthalten mit knapp 59 mg sehr viel Vitamin C und stärken somit das Immunsystem. Zudem sind Erdbeeren mit 32 kcal auf 100 Gramm sehr kalorienarm und perfekt geeignet in der Diät.

• Heidelbeeren → Auch Heidelbeeren sind kalorienarm, aber trotzdem reich an Vitamin C, Kalium, Zink, Folsäure und Eisen. Besonders Frauen, die oftmals im Vergleich zu Männern einen gesteigerten Vitaminbedarf an Zink, Folsäure und Eisen haben, sollten also ruhig öfter zu Heidelbeeren greifen. Heidelbeeren wirken aufgrund ihres hohen Gehalts an Gerbstoffen zudem antibakteriell und leicht entzündungshemmend.

• Himbeeren → Himbeeren enthalten ähnlich wenig Kalorien wie Erdbeeren und können durch ihre vielen Ballaststoffe die Verdauung anregen, zudem sind sie auch reich an Vitamin C und stärken unser Immunsystem.

• Kapern → Kapern sind die Blüten der sogenannten Kapernsträuchern, die zu den immergrünen

Gewächsen gehören, sie werden nach dem Ernten in Salz oder Öl eingelegt, sind so im Supermarkt erhältlich und geben vielen Gerichten das gewisse Extra an Würze. Sie sind reich an Vitamin B, welches sich positiv auf den Stoffwechsel auswirkt.

• Sellerie → Auch Sellerie ist ein wahres Wunderlebensmittel im Bereich des Gemüses. Sellerie ist mit 19 kcal auf 100 Gramm kalorienarm, aber gleichzeitig reich an Vitaminen und Mineralstoffen. Sellerie hat eine positive Wirkung auf Magen und Darm und wirkt zudem antibakteriell.

• Zwiebeln → Bei kaum einem Gericht dürfen sie fehlen – die Zwiebeln. Sie geben aber unserem Essen nicht nur Geschmack, sondern sind in dem Lauchgemüse viele wichtige Nährstoffe, wie Vitamin C, B und Kalium enthalten sowie auch Antioxidantien.

• Rucola → Auch wenn Rucola bitter schmecken kann, ist er alles andere als ein Unkraut. Er unterstützt unser Immunsystem und ist mit seiner Folsäure besonders für Schwangere von Vorteil.

• Spargel → Spargel besteht zu 95 Prozent aus Wasser und deshalb mit 18 kcal auf 100 Gramm eine der kalorienärmsten Gemüsesorten, trotzdem ist er reich an A- und B-Vitaminen und hervorragend in der Diät geeignet.

• Zitrusfrüchte → Zitrusfrüchte begegnen uns in vielen unterschiedlichen Varianten. Die bekanntesten dürften wohl Orangen, Zitronen, Grapefruits und Mandarinen sein. Sie enthalten vor allem sehr viel Vitamin C und stärken somit unser Immunsystem, verzichten Sie deshalb besonders in Erkältungszeiten nicht auf Zitrusfrüchte.

• Tomaten → Viele lieben sie aufgrund ihres frischen Geschmacks – die Tomaten. Es gibt auch keinen Grund, nicht zu Tomaten zu greifen, besonders in der Diät, denn mit ihren 19 kcal auf 100 Gramm sind sie nicht gerade eine versteckte Kalorienfalle. Sie sind zudem auch reich an Kalium, Folsäure und Vitamin C.

• Datteln → Datteln sind mit 285 kcal auf 100 g nicht wirklich kalorienarm, sie haben aber neben ihrem Sirtuin-Gehalt auch noch weitere Vorzüge. Durch ihren hohen natürlichen Zuckergehalt eignen sie sich in Rezepten perfekt, um auf natürliche Weise zu süßen, ohne dass man auf raffinierten Zucker zurückgreifen muss. Sie sind ein perfekter schneller Energielieferant für zwischendurch, wenn die Zeit im Alltag mal wieder knapp ist, enthalten eine Menge wichtiger Nährstoffe und sind reich an Ballaststoffen. Gönnen Sie sich ab und an also ruhig mal die eine oder andere getrocknete Dattel.

Nüsse und Samen und Co

Auch, wenn Nüsse nicht unbedingt als kalorienarm gelten, sind sie in Maßen doch sehr gesund und man sollte besonders bei einer hauptsächlich pflanzlichen Ernährung nicht auf sie verzichten. Zudem sind einige Nüsse auch sehr reich an Protein und eignen sich somit auch unterstützend für den Muskelaufbau und als schnelle kleine Energielieferanten. Aufgrund ihres leckeren Geschmacks sind Nüsse auch sehr gute Snack-Alternativen.

• Walnüsse → Walnüsse sind ein wahres Superfood. Sie sind vielfältig verwendbar: vom Snack für zwischendurch bis zum Topping bei Salaten oder im Haferbrei. Walnüsse sind reich an Antioxidantien, die uns gegen freie Radikale im Körper helfen, und schützen so vor mancher Krankheit. Walnüsse senken unseren Cholesterinspiegel und haben eine positive Wirkung auf die Hirnleistung. Sind Sie also ab und an mal gestresst, müssen Sie viel lernen und wollen Ihr Gedächtnis verbessern? Dann greifen Sie zwischendurch zu Walnüssen.

• Erdnüsse → Auch Erdnüsse sind recht hoch in ihren Kalorien und auch in ihrem Fettgehalt, sie haben jedoch viele vorteilhafte Eigenschaften, wie zum Beispiel ganze unglaubliche 25 Gramm Protein auf 100 Gramm. Zudem sind sie äußerst nährstoffreich und enthalten viel Biotin, das gut für Nägel und Haar ist. Aber auch für starke Nerven und ein leistungsfähiges Gehirn sind Erdnüsse vorteilhaft, so wirkt der hohe Magnesiumgehalt positiv auf das Nervensystem und kann dabei helfen, Stress zu reduzieren. Besonders aber für unsere Muskeln sind Erdnüsse wahre Wunder durch ihren hohen Proteinanteil. Auch, wenn man nicht trainiert, ist eine ausreichende Zufuhr von Protein in der Diät wichtig, um unsere Muskeln vor übermäßigen Abbau zu schützen.

• Cashewnüsse → Cashewkerne gehören eigentlich zu den Steinfrüchten, auch wenn sie im Volksmund als Nüsse bekannt sind. Sie haben wenig Fett, auch wenn sie kalorienreich sind. Wer unter Krämpfen leidet, sollte ab und an zu Cashewkernen greifen, da sie aufgrund des hohen Magnesiumgehalts für ein funktionierendes Nervensystem sorgen und die Muskulatur auch durch ihren hohen Proteinanteil schützen. Außerdem enthalten Cashewkerne viel Eisen und fördern die Blutbildung, was besonders bei einer hauptsächlich pflanzlichen Ernährung nicht außer Acht gelassen werden sollte.

• Sonnenblumenkerne → Auch Sonnenblumenkerne gehören zu den Superfoods und sind ganz sicher nicht nur Vogelfutter. Sie enthalten viel Eiweiß und gelten aufgrund ihres hohen Vitamin-E-Gehalts als Anti-Aging-Mittel. Als Topping schmecken sie besonders gut und sind so gut wie mit jedem Gericht kombinierbar.

• Chiasamen → Chiasamen sind wahre Wundermittel. Die kleinen Samen enthalten mehr Calcium als Milch und sind besonders reich an Omega-3, was wichtig für Menschen, die keinen Fisch essen, ist. Omega-3 kann der Körper nicht selbst herstellen, sondern es muss über die Nahrung aufgenommen werden. Durch Omega-3 wird unsere Herzfunktion unterstützt, achten Sie also immer auf eine ausreichende Einnahme an Omega-3. Sie enthalten mit 111 kcal pro 100 Gramm im Vergleich zu anderen Samen oder zu Nüssen recht wenig Kalorien und eine Menge an Vitaminen und Ballaststoffen. Eine Besonderheit an Nährstoffen von Chiasamen ist das Spurenelement Selen, dass eine antioxidative Wirkung aufweist.

Wie wäre es also mal mit einem leckeren Chiapudding? Einfach 2 Esslöffel Chiasamen mit ausreichend Wasser oder Milch aufgießen und im Kühlschrank über Nacht ziehen lassen. Morgens kann der Pudding dann vor dem Verzehr noch mit Früchten und Nüssen nach Wahl getoppt werden.

• Bohnen → Bohnen gehören zu den Hülsenfrüchten, sie enthalten nicht nur viel Eiweiß, sondern auch viele Ballaststoffe und sättigen deswegen gut, weshalb sie perfekt für die Ernährung in einer Diät sind. Aber Vorsicht: In der Regel sind Bohnen nicht geeignet, um sie roh zu essen.

• Quinoa → Auch Quinoa ist eine gute pflanzliche Eiweißquelle und eignet sich in der Küche sehr gut als eine Sirtuin-haltige Alternative zu Reis oder Nudeln. Quinoa enthält eine Menge Folsäure, Magnesium, Zink und Mangan und ist darüber hinaus eine gute Quelle für die Aufnahme von komplexen Kohlenhydraten. Zudem ist Quinoa im Gegensatz zu den meisten Reis- und Nudelsorten glutenfrei und somit für viele Menschen leichter verdaulich. Aufgrund der vielen Ballaststoffe hält Quinoa unsere Verdauung in Schwung und hilft dabei, Völlegefühle zu vermeiden. Außerdem senkt Quinoa den Blutzuckerspiegel und stabilisiert ihn, wodurch Heißhungerattacken vermieden werden können.

Sonstige Lebensmittel mit Sirtuin

• Kaffee → Kaffee kann aufgrund des Koffeingehalts Hungergefühlen entgegenwirken und bei Heißhungerattacken helfen.

• Buchweizen → Auch Buchweizen ist in der Küche vielseitig einsetzbar. Aufgrund der in Buchweizen enthaltenen Kieselsäure sorgt Buchweizen für schönes, glänzendes Haar und gesunde Fingernägel. Zusätzlich enthält Buchweizen Vitamin E, Magnesium und Eisen und schützt vor freien Radikalen.

• Grüner Tee → Grüner Tee gehört nicht nur zu den Sirtfoods, sondern besitzt darüber hinaus auch viele gesunde Vorteile. Grüner Tee kann bei Diabetes und Übergewicht helfen und wirkt entzündungshemmend. Zudem unterstützt grüner Tee die Fettverbrennung und fördert die Leistungsfähigkeit. Auch gegen Heißhungerattacken kann grüner Tee wahre Wunder bewirken.

• Chilischoten → Scharf, schärfer, Chili! Auch, wenn man es mit Chili definitiv nicht übertreiben sollte, ist die Schärfe in Maßen gesund. Chilis regen die Verdauung an und wirken wegen des enthaltenen Stoffes Capsaicin positiv auf die Fettverbrennung, indem sie den Stoffwechsel anregen.

• Knoblauch → Knoblauch verleiht vielen Gerichten nicht nur einen hervorragenden Geschmack, die Knolle ist auch noch sehr gesund. Roh wirkt Knoblauch als natürliches Antibiotikum und stärkt aufgrund der Antioxidantien das Immunsystem. Zudem wirkt Knoblauch durch die enthaltenen Sulfide positiv auf unser Herzkreislaufsystem und mit seinen Antioxidantien gegen Stress.

• Kurkuma → Seit einiger Zeit ist das südasiatische Gewürz auch in der deutschen Küche vermehrt anzutreffen. Kurkuma zählt zu den Ingwergewächsen, ist aber nicht so scharf wie Ingwer. Kurkumin wirkt entzündungshemmend und ihm wird eine schmerzstillende Wirkung nachgesagt, außerdem soll Kurkuma vor Gehirnerkrankungen schützen können und das Risiko von Herzkrankheiten senken.

Tipp: Probieren Sie mal einen Kurkuma-Zitronen-Shot, um Ihren Stoffwechsel so richtig auf Trab zu bekommen. Einfach eine halbe Zitrone auspressen, mit etwas Kurkuma zusammen in ein kleines Glas geben und mit Wasser auffüllen.

• Olivenöl → Kommen wir nun wieder auf unser Olivenöl zurück. Auch wenn Öle generell kalorienreich sind, haben sie wichtige Wirkstoffe und dürfen in einer ausgewogenen Ernährung nicht fehlen. Die Fülle an ungesättigten Fettsäuren sorgt für einen ausgeglichenen Cholesterinspiegel und kurbelt den Stoffwechsel an.

• Petersilie → Jeder kennt sie – die Petersilie, eines der meistgenutzten Kräuter überhaupt. Petersilie soll die Sehkraft stärken, beruhigt den Magen und stärkt mit seinem Vitamin C das Immunsystem.

SIRTFOOD

• Rotwein → Sie wundern sich nun vielleicht, dass auch Rotwein und Schokolade auf der Liste der Sachen stehen, die Sie in Ihre Ernährung integrieren können. Wie bereits im Vorfeld erläutert, baut diese Diät nicht auf Verzicht und auch Rotwein und Schokolade zählen zu den Sirtfoods. Dabei ist zu beachten, dass solche Lebensmittel nur in Maßen zu sich zu nehmen sind, Sie sollen an dieser Stelle auf keinen Fall dazu angehalten werden, jeden Tag Wein zu trinken, da übermäßiger Konsum auch viele negative Effekte haben kann. Aber ab und an kann ein Glas Rotwein einen positiven Effekt auf das Herzkreislaufsystem haben und das Langzeitgedächtnis verbessern.

• Soja → Soja ist schon lange bekannt als Fleischalternative für Vegetarier oder Veganer. Soja kommt aus Asien und ist wie Linsen eine Hülsenfrucht. Aufgrund seines hohen Proteingehalts ist Soja gut für den Muskelaufbau und den Muskelschutz. Zudem kann Soja dabei helfen, den Cholesterinspiegel zu senken.

• Dunkle Schokolade → Die Vorteile von dunkler Schokolade sind schon lange bekannt. Schokolade ist reich an Antioxidantien. Um diese Eigenschaft zu haben, sollten Sie jedoch zu dunkler Schokolade greifen, die einen Kakaoanteil von mindestens zu 70 Prozent hat.

• Zimt $\longrightarrow$ Zimt kann sich positiv auf den Blutzuckerspiegel auswirken und so auch Heißhunger vorbeugen, zudem enthält er viele Antioxidantien, außerdem ist Zimt auch reich an Kalium.

DER SCHLÜSSEL ZUM ZIEL – AUSGEWOGENHEIT

So weit, so gut, bis hierhin haben wir uns nun schon eine Menge an Wissen und nützlichen Tipps vor Augen geführt und können jetzt eigentlich abnehmen. Trotzdem schwimmen wir manchmal noch orientierungslos in dem Meer an Möglichkeiten, wie wir nun genau abnehmen sollen. Aus diesem Grund möchte ich Ihnen nun noch einen Leitfaden mitgeben, den Sie befolgen können. Ziel ist generell, jeden Punkt des Guides umzusetzen. So können Sie sich anhand des Leitfadens gut kontrollieren und am Ende jedes Tages schauen, was Sie umgesetzt haben und was Sie am nächsten Tag verbessern können.

Dabei möchte ich noch einmal deutlich erwähnen, dass es nur ein Musterplan ist. Nicht jeder wird in seinem Alltag alle Punkte umsetzen können. So können einige Leute aufgrund gesundheitlicher Umstände eventuell keinen Sport treiben. Wichtig ist, dass Sie sich, bevor Sie mit dem Plan beginnen, überlegen, ob Sie alle Punkte umsetzen könnten oder welche Sie nicht umsetzen können. Variieren Sie dabei jedoch nicht von Tag zu Tag in dem Sinne, dass Sie „nur heute" keine Zeit für Sport hatten oder aus anderen Gründen einen Punkt nicht umsetzen konnten. So eine Denkweise führt nämlich nur dazu, dass Sie immer zunehmend nach Ausreden für sich selbst suchen werden.

Nehmen Sie sich deshalb nun ein paar Minuten und seien Sie ehrlich zu sich selbst. Was können Sie realistisch jeden Tag in Ihrem Alltag umsetzen, haben Sie vielleicht doch die halbe Stunde jeden Tag, um ein kurzes Sportprogramm durchzuziehen?

Beginnen wir nun also mit unserem Abnehmguide: Sie können diese Punkte für einen festgelegten Zeitraum zum Beispiel als Acht-Wochen-Plan befolgen oder auch dauerhaft, eventuell auch mit Abwandlungen, in Ihren Alltag zu integrieren. Ich empfehle Ihnen, den Guide erst einmal für die Dauer

Ihrer Diät, also den Zeitraum, in welchem Sie Ihr gesetztes Abnahmeziel erreichen wollen, zu befolgen. Wollen Sie fünf Kilo abnehmen, dann versuchen Sie, 8 bis 10 Wochen die aufgeführten Punkte bestmöglich umzusetzen. Nachdem Sie Ihr Ziel erreicht haben, werfen Sie dann nur noch ab und an einen Blick auf den Plan, wenn Sie wieder zunehmen oder weiter etwas an Ihrem Gewicht verändern wollen, und schauen Sie, an welchem Punkt es scheitert.

Gut in den Tag starten

Wir beginnen jeden Tag von Neuem. Machen Sie sich bewusst, dass jeder neue Morgen eine neue Chance ist, Ihr Ziel zu erreichen, und lassen Sie sich nicht von Rückschlägen demotivieren.

Wenn wir gut und gesund den Tag beginnen, fällt es uns oft leichter, auch während des Tages unsere Leitlinie zu befolgen. Wer unmotiviert schon aufwacht, dem wird es auch schwerer fallen, Motivation über den Tag zu entwickeln, da wir oft in destruktive Denkmuster verfallen, ganz nach dem Motto: Ach, der Tag ist eh schon gelaufen, jetzt bringt es auch nichts mehr, damit anzufangen.

Wie wir bereits festgestellt haben, können wir Gewohnheiten in unseren Alltag integrieren, die es uns leichter machen, an unserem Weg festzuhalten, auch wenn manchmal die Motivation nachlässt. Gerade am Morgen ist unser Gehirn noch nicht so aufnahmefähig wie später am Tag, dieses bedeutet auch, dass wir unter Umständen noch nicht so willensstark sind, Versuchungen zu widerstehen. Jeder kennt es, man kommt schwer aus dem Bett, drückt doch noch zweimal die Snooze-Taste, obwohl es so viel einfacher wäre, aufzustehen und sich dann am Frühstückstisch oder im Bad nicht beeilen zu müssen. Genau bei dieser Willensschwäche morgens helfen uns Gewohnheiten, die wir irgendwann so automatisiert befolgen, ohne überhaupt darüber nachzudenken, dass wir auch liegen bleiben könnten.

Welche Gewohnheiten das sein können oder sollten, ist wieder von Menschen zu Menschen sehr unterschiedlich. Überlegen Sie, was Ihnen guttun würde und was zu Ihnen und Ihrem Alltag passt.

Ich gebe Ihnen an dieser Stelle ein paar Beispiele, mit welchen Gewohnheiten Sie auf jeden Fall gut in den Tag starten werden:

→ Stehen Sie jeden Tag zu der gleichen Uhrzeit auf.

→ Machen Sie Ihr Bett und ordnen Sie die Kissen nach dem Aufstehen.

→ Trinken Sie direkt nach dem Aufstehen zwei große Gläser Wasser.

Tipp: Verfeinern Sie Ihr Wasser mit ein bisschen Zitronensaft und ein paar Prisen Zimt, um Ihren Stoffwechsel schon direkt am Morgen durch Sirtfood anzukurbeln. Kann auch als Tee getrunken werden.

→ Gehen Sie morgens eine Runde joggen oder spazieren, die frische Luft am Morgen kann dabei helfen, die Gedanken zu ordnen und den Fokus für den Tag zu legen, außerdem tut sie im Regelfall den Atemwegen sehr gut.

→ Machen Sie sich ein gesundes, Sirtuin-reiches Frühstück, wie wäre es zum Beispiel mit einer Beeren-Quark-Bowl? Weiter unten finden Sie verschiedene Rezepte. Trinken Sie morgens einen schwarzen Kaffee oder grünen Tee, um Ihrem Stoffwechsel noch einmal einen richtigen Kick zu geben und so richtig wach zu werden.

Trinken, trinken, trinken

Wer kennt es nicht: Schon als Kind wurde man oft ermahnt, genug zu trinken. Es kann Kopfschmerzen verhindern, der Bildung von Nierensteinen entgegenwirken und generell bestehen wir Menschen doch zum Großteil aus Wasser, also sollten wir wohl ohnehin viel trinken. Aber wussten Sie, dass ausreichend Wasser zu trinken auch beim Abnehmen helfen kann? Wenn unser Körper uns signalisiert, dass wir Hunger haben, haben wir in Wirklichkeit oftmals nur Durst. Das bedeutet nicht, dass wir nie Hunger haben, auch das kommt selbstverständlich vor. Versuchen Sie zunächst, ein großes Glas Wasser zu trinken, wenn Sie Hunger haben, und beobachten Sie, ob das Hungergefühl verschwindet. Wenn Sie weiterhin Hunger haben, dann sollten Sie aber natürlich etwas essen, Ziel dieser Ernährungs-umstellung ist nämlich auf keinen Fall, dass Sie hungern müssen.

Tipp: Trinken Sie auch vor jeder Mahlzeit ein großes Glas Wasser, es füllt den Magen und hilft dabei, die Portionsgröße der Mahlzeiten zu verkleinern, da das Sättigungsgefühl schneller einsetzt.

Zudem regt das Trinken von Wasser den Stoffwechsel an und man verbrennt mehr Kalorien, allein durch das Trinken von Wasser. Wie viel Wasser Sie trinken sollten, ist sehr individuell und unter anderem abhängig von Ihrer Größe, Ihrem Gewicht und Ihrer körperlichen Aktivität, als Richtwert können aber zwei bis drei Liter pro Tag gesehen werden. An sehr warmen Sommertagen, wenn Sie viel schwitzen oder wenn Sie viel Sport machen, kann Ihr Wasserbedarf aber auch sogar die drei Liter übersteigen. An solchen Tagen empfiehlt es sich zudem, Ihr Wasser mit ein paar Vitaminen und Spurenelementen aufzuwerten, da wir durch das Schwitzen viele davon verlieren.

Hierfür können Sie sich Früchte Ihrer Wahl, zum Beispiel eine Bio-Zitronen- oder Orangenscheibe, einfach in Ihr Wasser legen. Wenn Sie Probleme damit haben, ausreichend zu trinken, stellen Sie sich morgens Ihre Wassermenge pro Tag, zum Beispiel zwei große Wasserflaschen, schon vorbereitend parat und erinnern Sie sich immer, wenn Sie einen Blick auf die Flaschen werfen, dass diese am Ende des Tages leer getrunken sein sollten. Es gibt auch große zwei Liter Wasserbehälter, die Sie sich einmal jeden Morgen füllen können. Probieren Sie aus, welche Methode für Sie am besten funktioniert, manchen Menschen fällt es auch leichter, wenn sie immer nur aus kleinen Gläsern trinken, diese dafür aber öfter füllen.

Ein weiterer Vorteil davon, viel Wasser zu trinken ist natürlich, dass wir so Durstgefühle vermeiden. Dieses kann uns dabei helfen, weniger Appetit auf Softdrinks zu haben, welche wir in der Diät auf jeden Fall vermeiden wollen. Softdrinks sind wahre

Kalorienbomben als Flüssigkeit. Durch den enthaltenen Zucker rufen Sie zudem Schwankungen unseres Blutzuckerspiegels hervor und sorgen dafür, dass wir gut und gern ein paar Heißhungerattacken im Laufe des Tages haben werden. Sparen Sie sich also die Kalorien lieber und trinken Sie Wasser. Wem Wasser allein zu langweilig schmeckt, kann sich sein Wasser jederzeit mit ein paar Fruchtscheiben aufpeppen oder zu Tee greifen.

Tipp: Als Eistee-Alternative einfach Früchtetee im Kühlschrank herunterkühlen und mit Wasser aufgießen.

Die richtigen Lebensmittel

Zu einer Diät oder einer Ernährungsumstellung gehören natürlich auch die richtigen Lebensmittel. Bei Lebensmittel mit wenigen Kalorien können Sie ordentlich ohne Bedacht zugreifen, andere sollten Sie eher meiden oder in Maßen essen. Grundsätzlich gilt, je weniger Kalorien, desto mehr kann man davon essen. Trotzdem sollten Sie sich nicht absolut alles verbieten, wenn Sie auf etwas wirklich Lust haben, das vielleicht etwas kalorienreicher ist, dann gönnen Sie es sich ruhig ohne schlechtes Gewissen, aber am besten nicht öfter als einmal in der Woche. Gemüse ist in der

Regel sehr kalorienarm und nährstoffreich, zudem besitzt es sehr viel Volumen und sättigt dadurch gut, hieran können Sie sich so richtig satt essen. Zudem sollten Sie in einer Diät einfache Kohlenhydrate wie Weißmehl und Nudeln meiden und mehr zu Vollkornprodukten greifen.

Im Rahmen dieser Sirtfood-Diät achten Sie zudem darauf, Sirtuin-haltige Lebensmittel zum Hauptbestandteil Ihrer Nahrung zu machen. Natürlich dürfen Sie langfristig gesehen auch nicht Sirtuin-haltige Lebensmittel mit in Ihre Ernährung integrieren. Eine Ernährung ausschließlich aus Sirtfood wird den meisten Leuten schwerfallen und ist aus diesem Grund auch nicht sinnvoll.

Tipp: Starten Sie in Ihre Ernährungsumstellung gern mit der Diät von Goggins und Matten und nehmen Sie in den ersten drei Tagen Smoothies bestehend aus Sirtfood zu sich.

Die richtige Vorbereitung & Tagebücher

Es kann sehr hilfreich sein, ein Ernährungs- und Trainingstagebuch zu führen, so behalten Sie immer genau den Überblick und können Schwachstellen schneller erkennen. Zudem kann es hilfreich sein, am Anfang jeder Woche seine Mahlzeiten für die ganze Woche zu planen und so gut es geht schon vorzukochen. So wird verhindert, dass man bei Zeitmangel im Alltag doch zu ungesunden, schnellen Gerichten oder sogar Fast Food greift.

Rezepte

Eine Diät kann Spaß machen und aus leckerem Essen bestehen, kommen wir deshalb nun zu Rezepten aus Sirtfood, die Sie in Ihre Diät aufnehmen können.

FRÜHSTÜCKSIDEEN – REZEPTE NUR MIT SIRTFOOD:

Der grüne Smoothie
Sie benötigen für ein Glas des Morgen-Smoothies eine Handvoll Brokkoli, eine Orange, eine Dattel, 50 ml Wasser, eine Prise Zimt und nach Belieben eine Prise Kurkuma.

Waschen Sie alle Zutaten und kochen Sie den Brokkoli kurz ab, achten Sie dabei auf schonendes Kochen, um möglichst alle Nährstoffe zu erhalten. Schälen und schneiden Sie die Orange und geben Sie alle Zutaten in einen Mixer und zerkleinern Sie alles. Füllen Sie den Smoothie in ein Glas und füllen Sie es mit Wasser auf, bis Ihnen die Konsistenz gefällt.

Die Obstsalat-Bowl

Sie benötigen zwei Handvoll Obst Ihrer Wahl. Erdbeeren, Himbeeren und ein Apfel eignen sich als Sirtfood besonders gut hierfür. Waschen Sie die Früchte, schneiden Sie sie danach klein und geben Sie sie in eine Schüssel.

Als Topping raspeln Sie ein wenig dunkle Schokolade (mindestens 70 Prozent Kakaoanteil) über das Obst und geben Sie ein paar Spritzer Zitronensaft hinzu, dosieren Sie diesen jedoch zurückhaltend, wenn Sie schon viel säurehaltiges Obst verwenden. Zum Abschluss geben Sie noch ein paar Samen oder Nüsse Ihrer Wahl wie zum Beispiel Walnüsse und Sonnenblumenkerne hinzu und lassen es sich schmecken.

FRÜHSTÜCKSIDEEN – MIT ÜBERWIEGEND SIRTFOOD:

Die Beeren-Bowl

Sie benötigen 100 Gramm Beeren Ihrer Wahl (im Winter eignet sich auch eine Tiefkühl-Beerenmischung), 100 Gramm Magerquark oder einen pflanzlichen Joghurt, wie zum Beispiel Mandel-Joghurt, einen Teelöffel Honig, 1 Teelöffel Chiasamen, 1 Esslöffel Haferflocken und Topping nach Wahl.

Geben Sie die Beeren, den Quark oder Joghurt, die Chiasamen und die Haferflocken in einen Mixer, nach 10 Sekunden geben Sie den Honig hinzu und mixen weiter, bis eine cremige Masse entsteht, die Sie in eine kleine Schüssel geben und glatt streichen. Toppen Sie Ihre Bowl danach nach Belieben zum Beispiel mit ein paar Apfelstücken, weiteren Beeren, Nüssen oder Kokosflocken.

Der Chiapudding – Vorbereitung am Abend erforderlich

Sie benötigen: pflanzliche Milch, Joghurt/Magerquark, Chiasamen, Himbeeren

Füllen Sie abends ein bis zwei Esslöffel Chiasamen in ein Glas oder eine kleine Schale und füllen Sie 150 ml einer pflanzlichen Milch hinzu. Geben Sie danach noch einen Esslöffel Joghurt oder Magerquark hinzu, optional etwas Honig und verrühren Sie alles gut, sodass die Chiasamen nicht mehr unten am Boden des Glases kleben. Stellen Sie den Pudding dann über Nacht in den Kühlschrank.

Am nächsten Morgen nehmen Sie den Pudding aus dem Kühlschrank und rühren Sie noch mal alles gut durch, dann waschen Sie eine Handvoll Himbeeren und geben Sie über den Pudding als Topping. Fertig!

HAUPTMAHLZEITEN MIT SIRTFOOD

Quinoa-Bowl
Sie benötigen: Spargel oder Brokkoli, Salz, Olivenöl, Zwiebeln, eine Knoblauchzehe, etwas Petersilie, Quinoa, Möhren, ein paar Kichererbsen, Pfeffer und Zitronensaft (Menge jeweils nach Belieben und Portionen), Gemüsebrühe

Putzen und waschen Sie zunächst das Gemüse und schneiden Sie es klein. Den Brokkoli oder den Spargel schonend im Wassertopf mit etwas Salz garen. In einer Pfanne ein bis zwei Esslöffel Olivenöl erhitzen und die Zwiebel und den Knoblauch klein schneiden und andünsten. Die Quinoa in einem Sieb abspülen und dann zusammen mit der Gemüsebrühe in die Pfanne geben und aufkochen lassen. Bei mittlerer Hitze weitere 15 Minuten köcheln lassen. Die Möhren schälen und in dünne Stifte schneiden oder raspeln und mit dem Brokkoli/ Spargel zu der Quinoa geben. Danach spülen Sie die Kichererbsen ab und geben Sie als Letztes kurz mit in die Pfanne. Alles gut auflockern, umrühren und mit Gewürzen nach Wahl abschmecken. Zuletzt noch ein wenig Zitronensaft und Petersilie darüber geben und fertig ist die Mahlzeit.

Der Tomaten-Rucola-Salat

Tomaten waschen und in Scheiben schneiden. Rucola ebenfalls waschen und abtropfen lassen und mit den Tomaten in eine Schüssel geben. Mit Olivenöl, Balsamicoessig, Salz und Pfeffer ein Dressing machen und alles gut vermengen. Nach Belieben können noch Fetakäse und Sonnenblumenkerne als Topping dazu gegeben werden. Der perfekte Snack für die Sommertage!

Weitere Faktoren, die das Abnehmen verhindern

Wenn Sie Ihre Ernährung im Auge haben und dort auf ein Kaloriendefizit achten, haben Sie schon mal das Meiste im Griff und sollten sicher auch abnehmen. Es kann jedoch Gründe geben, weshalb Sie trotzdem nicht oder nur wenig abnehmen. Das sind Faktoren und Umstände, die unseren Körper beeinflussen und ihn in einen Stresszustand versetzen. Der Körper ist dann der Meinung, er befinde sich einer Ausnahmesituation, in der es ums Überleben geht, und versucht, so gut wie möglich die Körpermasse beizubehalten.

An vorderster Stelle sind hier Stress und Schlaf zu nennen. Wenn Sie unter viel Stress leiden, wird Ihr Stoffwechsel verlangsamt. Das Gleiche gilt für zu wenig Schlaf. Schlaf ist wichtig für die Regeneration des Körpers. Auch für Sportler ist es wichtig, ausreichend zu schlafen, da sonst die Trainingsreize, die beim Sport gesetzt werden, nur langsam umgesetzt werden können und der Körper nur langsam regeneriert, weswegen er am nächsten Tag weniger leistungsfähig ist. Wie viel Schlaf ein Mensch braucht, ist individuell, als Richtwert gelten acht Stunden pro Nacht.

Auch ein zu großes Kaloriendefizit kann den Körper in eine Stresssituation versetzen, wenn es über eine längere Zeit andauert. Daher sollte das Kaloriendefizit pro Tag nicht größer als 500 kcal betragen.

• ausreichend Bewegung

Das Kaloriendefizit kann auch durch ausreichend Bewegung und vor allem Sport erreicht werden. 500 kcal mit Sport zu verbrennen, dauert als Anfänger jedoch länger, als man meinen möchte, mit einem 20

Minuten Home-Work-out wird es da in aller Regel nicht so einfach getan sein. Trotzdem sollten Sie aktiv bleiben oder werden, denn Sport ist nicht nur eine Waffe im Kampf gegen die Kalorien, sondern schüttet auch eine Menge Glückshormone aus, fördert unser Wohlbefinden und unseren Stoffwechsel. In der Regel braucht unser Körper also Bewegung. Probieren Sie sich einmal durch verschiedene Sportarten oder versuchen Sie es mit Home-Work-outs. Hören Sie dabei auf Ihren Körper. Wenn Sie mit Übergewicht zu kämpfen haben, versuchen Sie erst einmal gelenkschonende Sportarten wie Schwimmen oder Radfahren.

Auch für Leute, die überhaupt nicht sportbegeistert sind, gibt es eine Lösung – Spazieren zu gehen. Gehen Sie täglich spazieren, fangen Sie erst einmal klein an und steigern Sie sich nach kurzer Zeit, sodass Sie täglich 10.000 Schritte gehen. Sie werden überrascht sein, wie viele Kalorien einfaches Gehen verbrennt. Machen Sie den Spaziergang zu einer Gewohnheit und es wird Ihnen schon bald sehr leichtfallen.

Die gegangenen Schritte kann man mittlerweile mit so gut wie jedem Smartphone nachverfolgen, ansonsten können Sie aber auch ein Fitnessarmband verwenden oder Sie rechnen sich im Vorfeld aus, wie viele Kilometer Ihre 10.000 sein müssten, und suchen sich dann eine geeignete Strecke raus. Sie müssen diese 10.000 Schritte nicht in einem Spaziergang absolvieren, verteilen Sie die Schritte ruhig über den Tag, indem Sie generell öfter mal zu Fuß gehen.

Tipp: Wenn Sie mit öffentlichen Verkehrsmitteln unterwegs sind, steigen Sie einfach mal eine Station früher aus und gehen Sie den Rest zu Fuß.

• Motivation

Am Ende dieses Buches sollten Sie nun eigentlich schon genug Motivation haben und es kaum erwarten können, sich auf die Reise zu Ihrem neuen Ich zu machen. Wenn das aber noch nicht der Fall ist, visualisieren Sie sich noch einmal Ihre Ziele: Was wollen Sie erreichen und wie wollen Sie aussehen?

Können Sie es vor sich sehen, dann fangen Sie an und geben Sie jeden Tag alles dafür, denn es ist keinesfalls unmöglich. Stellen Sie sich vor, wie unglaublich stolz Sie auf sich sein werden, wenn Sie es geschafft haben, und wie gut Sie sich fühlen werden. Ich glaube an Sie und das können Sie auch. Motivation ist unser Motor, mit ihr können wir alles erreichen.

Nehmen Sie für Ihr Wohlbefinden und Ihren Körper ab, Sie wollen gesund sein. Machen Sie sich bewusst, dass jedes Kilo Übergewicht Sie schneller ins Grab bringen wird und Sie anfälliger für Krankheiten werden lässt. Als Motivationshilfe kann es auch nützlich sein, eine Collage mit Bildern Ihrer Ziele oder Motivationssprüchen zu erstellen und sie gut sichtbar an einem Ort aufzuhängen, an welchem Sie oft vorbeigehen und einen Blick drauf werfen.

Zuletzt – Das sollten Sie mitnehmen

A m Ende dieses Buches möchte ich nun noch mal die wichtigsten Punkte für Sie zusammenfassen: Eine Ernährung mit Sirtfood hat zahlreiche Vorteile. Sirtfood enthält viele Vitamine und lebenswichtige Nährstoffe. Sirtuin unterstützt zudem auch die Muskulatur aufgrund der Beschaffenheit als Protein, aus diesem Grund sättigt Sirtfood auch gut und hilft, Heißhungerattacken zu vermeiden. Mit Sirtfood können wir auf den Alterungsprozess einwirken und unseren Stoffwechsel beschleunigen, sodass wir in kürzerer Zeit im Vergleich zu einer Ernährung ohne Sirtfood mehr Gewicht verlieren können.

Um erfolgreich abzunehmen, sollten Sie Ihr Ziel klar festlegen und sich einen festen Zeitraum setzen, in dem Sie den Abnehmguide befolgen. Machen Sie Sirtfood zu dem Hauptbestandteil Ihrer Nahrung, so werden Sie automatisch eine nährstoffreiche und kalorienarme Ernährung haben. Dennoch sollten Sie besonders am Anfang einen genauen Blick auf Ihr Kaloriendefizit haben.

Rufen Sie sich ins Gedächtnis, dass eine Diät nur funktionieren kann, wenn sie alltagstauglich ist. Planen Sie daher zu Anfang Ihrer Diät genau.

Um Ihren Stoffwechsel optimal zu unterstützen, sollten Sie zudem viel Bewegung oder Sport zu einer Ihrer Gewohnheiten. Mit dem richtigen Energiedefizit und ausreichend Sirtfood werden Sie schnell Erfolge sehen. Bleiben Sie dabei und lassen Sie sich nicht aus der Ruhe bringen, Sie kennen Ihr Ziel und haben nun den optimalen Plan für sich entwickelt.

Ich bin mir sicher, dass Sie Ihre Ziele erreichen werden, und wünsche Ihnen an dieser Stelle nun viel Erfolg.

Herstellung und Verlag:

BoD – Books on Demand, Norderstedt

ISBN: 9783755776420